少数诗篇·短诗卷

说 出

曹东 著

长江出版传媒 ｜ 长江文艺出版社

图书在版编目 CIP 数据

说出：短诗卷 ／ 曹东著．—— 武汉：
长江文艺出版社，2016.8
（少数诗篇）
ISBN 978-7-5354-8636-3
Ⅰ．①说… Ⅱ．①曹… Ⅲ．①诗集-中国-当代
Ⅳ．① I227
中国版本图书馆 CIP 数据核字（2016）第 032210 号

责任编辑：谈　骁　　　　　责任校对：陈　琪
封面设计：形而上　　　　　版式设计：日月丽天
内文插图：李靖　　　　　　责任印制：左　怡　包秀洋

出版　长江出版传媒　　长江文艺出版社
地址：武汉市雄楚大街 268 号　　　邮编：430070
发行：长江文艺出版社
电话：027—87679360
http://www.cjlap.com
印刷：上海豪杰印刷有限公司

开本：889 毫米 ×1230 毫米　　1/32　　印张：7　　插页：12 页
版次：2016 年 8 月第 1 版　　2016 年 8 月第 1 次印刷
行数：2800 行

定价：60.00 元（全二册）

　　曹东，1971年1月生，四川武胜人；作品见于《人民文学》《诗选刊》《诗刊》《星星》《诗潮》等刊，入选当代大学生人文素质课教材《新诗200首导读》及《中国现代诗歌精选》等选集，部分译介到国外；出版诗集《许多灯》；曾获第十六届冰心儿童文学新作奖，2013年评为四川省十大青年诗人。

目
录

3

附录

曹东说诗

诗是生命之体验、生活之体察、生存之体悟之语言意味表达。

诗虽是语言的艺术，但真诗常在语言之外；诗虽是抒情的艺术，但好诗需在抒情之外。语言不应多出一字，以不遮蔽诗性；情感不应高出一线，以不淹没潜思。言多必芜，情高则滥。

大诗至简，庸诗逐繁，伪诗弄玄。

诗美只是诗歌呈现之一种，诗歌应该呈现各种维度，包含假恶丑真善美。诗美像是一个误会，诗歌语言求美更是一条穷路。语言当求准确，是对心灵物象与体悟的准确指认，而非客观世界的物理性精准。

诗在唯我之察，独我之体，个我之悟。察世态，体物情，悟机理。世有万态，唯我之察方成诗；

情有千种，独我之体方能诗；理有百端，个我之悟方为诗。

大诗存在于无限小处，因为无限之小，故能透所谓之大。我希望我的诗歌是无限删减的语言之针，没有一点多余，而有咄咄逼人的锋芒，一不小心就会刺入骨缝痛处。

诗人是人类精神的保险丝，他用自己的发热、崩溃为人类心智预警。

真诗人都是用生命吟写，生与死都是必须逼视的。现代诗因其自由本性，大量存在虚浮的东西，而用生命烧制的经验之诗，如砂中砺金。生命自有可堪与不堪，也许坚持，才是它仅有的意义，而寻找意义的可能性，也只在途中。

标准，应当是针对工业产品而言，是对工业

产品合格与否的准确量化。对于诗歌，我更愿意用方向这个词来表达。说诗歌的好与坏，优与劣，往往只是一个方向，是由此及彼的过程，没有比照量化的刻度。如果一定要说标准，诗的标准也是移动的，非固定不变的。传统诗歌讲求和谐、优美，而当代诗更讲求活力。活力是当代诗歌更宽的标准，也是更高的标准。

传统如此强大，就像地心引力，谁也无法逃避。在学习中继承传统，在创作时专注创新。

作为受众，必须葆有"六心"：心静、心驻、心入、心融、心会、心悟，才能化入诗中。

一个诗人应该努力拒绝成熟。

诗有三境：情性、悟性、灵性。情是出发点，只有情性，诗人会不断重复自己和他人。悟是道路，

充满了各种可能，给你真正的独我之印。灵是超拔，
是无限地抵近神的对话。

一只乌鸦是天空的僧人

是的，只有天空才是它的道场

一只乌鸦是天空的僧人

用乌黑之躯

缝补落日的破碎

野地汹涌，人兽迷失

在悬挂的天空面前

向一只乌鸦

行跪拜礼

一具人骨也在黑暗中翻了翻身

我愿意

我愿意不断地缩小自己

如果我死了

我愿意躺进一滴雨水里休息

那么轻

雨水做的棺材可以飞

直到某一天

被刀子用力划开

露出一根瘦小的刺

我愿意

在西关乡睹尽夕晖

飞鸟披上天空
我披上了黑夜

黑夜并不黑
黑夜运输着星辰

一千只乌鸦运输着
一口收殓人世的棺木
......

在飞

天空在飞
看不见它的翅膀
但是　在飞

几条河流跟着
也在飞
许多人指指点点
天就黑了

当天空完全离开
我们暴露无遗……

苍梧谣

落日把陈旧的国土

磨损了大半

河流抱住自己

破碎地奔跑

最终被它忧伤的喉咙吞没

在不断投掷的阴影里

天空只剩鱼形的骨架

说出

我听见了

夜好深，乌鸦在修改月亮

啄开一个出世的洞口。

许多身影走着，背半卷冷风

从纸铺的路上。

那么轻，一点力气都没有。

风把自己揉成了碎片

我听见了。我还活在世上

但那不过是

我剩下的一小部分……

日志

九月十二日

独坐黑暗中　肉体关闭

褪尽颜色

只剩几根骨头还亮着

夜幕多么广阔

像钉住

几匹细细的闪电

今晚的月亮

今晚的月亮比古时候应该薄些
在云里行走的速度
也要慢一点。对着月亮啃面包
一群人在马路边，找不见自己的影子
突然有句话想说，它虚无地
堵在喉咙
多少年
我都无法抠出那团气泡

我已经不在这里

我已经不在这里　我的身体

是一个旧地址

一阵风

就把骨头吹乱

但我无法停下来

一直在黑暗的街区行走

靠着

内心那一小点毒素

浮生记

你的身体不过是一件道具
你的身体有旧版的色
常常在伤口里
不停地搬运自己

生活

越完美越是个病人
作为活着的证据
他们在身上涂抹污迹
……

我寂寞的时候

我寂寞的时候，就独自蹲在大地上

用一块石头砸自己的影子

像铁匠趁着热力，急促地

敲打一柄铁器

让它尖锐，露出疼痛的锋芒

我想把我的影子射出去

射向人类的上游

一个穿草裙的原始部落

咀嚼青草，慢慢进化

长大

直到成为我们中间暗淡的一个

有关幸福

"好好活着

因为我们会死很久。"

一只乌鸦披着黑色的大衣

在荧屏上敲。

它是我的聊友，现实世界的幽闭者

网络中的客串人。

小小的脸，像一滴光亮的润滑剂

在虚拟空间漂去漂来……

一个疯子也不是自由的

一个疯子也不是自由的

他被一条街道捆绑着

他问大家好

他比大家还好些

疯子　疯子　人们叽叽咕咕

指头缠着阴影

但疯子听不见

他的耳朵套起两只旧袜子

他说那是角

他说只可以向一只麻雀致敬

突然他吼了两声

人们惊惶地

向后退

他又吼两声

人们又退

空气就静止了

就真的有一只麻雀

像锋利的针　穿过人群

疯子笑了

疯子说　我并不想抛弃你们

许多灯

许多灯，在我身体的房间
亮着。我轻轻走动
它们就摇晃
影子松软，啮咬一些痛觉
我上班下班，挤公交车
陪领导笑谈。十年了
竟无人发现
只在一人时，我才小心地打开
并一一清点，哪些灯已经熄灭

月亮

无论今晚的月亮有多大

多么明亮无缺

我要用一粒针

把它从水里刺穿

让它疼

让它喘息得颤抖

它内部的光从针眼里

倾泻而出

把几千年的孤单

喷洒到我身上

散场

一个人在大街上走

走着走着　就哭了

那么多人

闹麻麻

那么多人还是孤独的

人越多越孤独

眼泪越少越悲伤

怀藏风声的人

周围铺满有裂缝的海水

记忆

儿时吮吸的指头

已经索然无味　我只能

一个一个数着

那细节　像小雀斑

在时光深处淡了

不过是揉皱的光阴

是一片花糖纸　在午后

被回忆对折

我丢掉了一口乳牙

再没有旧时代的糖分

抽屉

从黑夜缓缓地抽出白天
摊开在面前的生活
不过是一些杂乱的物件
举起又放下
生活的抽屉悄无声息合拢
这样不断反复
生命被抽空
在擦亮几件东西后
蜷缩在角落
那擦亮的部分
又能保持多久不会生锈

废墟

深夜我醒着

听见一些脚步声，坚定地离开

伐木者

在阴晦的林间挥舞斧头

月光碎裂，低沉

我身上木屑纷飞

我在变，越来越轻

只剩下一点身体的废墟……

梦

仿佛是上个世纪，又好像就在今夜
我梦见自己在家乡的庄稼地行走
衣衫褴褛，像个乞丐
一条狗在后面叫起来了
它大声挽留我，希望我们再谈谈……
月光一米、两米
把我们之间的距离，洗得干干净净

被时代

他们把舌头封闭在一块石头里。

在会议厅

用语言捂紧

两只雕刻的耳朵。

彼时天空浩大

适宜人民逃亡

而我，将身体倒挂在树上

数月亮。

月亮多美

像一块发光的墓碑

一些人跑过去

同它合影

大声说出丑陋……

戏剧

特殊年代总会有特殊的事情
比如：他们在广场交换身体
举起的手臂是别人的手臂
比如：衙门外点灯
辞旧迎新
一个人坐在树桠上玩自慰
英雄薄如纸
乱雨洗人心
且在破碎处睡觉
浑身涂满麻将印

一个人步入欢场

一个人步入欢场
一万人拭目以待

勿须忍受思想
只要耗尽感觉

神祇敞开怀抱
露出一身赘肉

一点用处都没有

一点用处都没有，她好像

已经死了

她的身体是她的墓穴

在锯齿形的夜里，扒掉衣服

省略爱

省略孤单

不断深入地

抚摸自己

用一次虚假的潮汐

证明内心的灰烬……

宠物

要养就养一个敌人

用盐分重一些的眼泪

喂它　　用低烧的伤口

为它取暖

让它在你的身体里踱步　从左心室到右心室

让它提起鞭子　抽打那些疤痕

你不抽搐

只喜欢它　　甚至喜欢它的舌头上

有毒汁的刺

深夜我突然翻身坐起

深夜我突然翻身坐起

天空中月色纷纷凋谢

那年雨水湿了桐花地

驳船靠岸　少年一步步离开

石头是旧的

洗衣服的妇女

脸是空的

棺材铺在镇上　三二黑暗人

等着走进棺材去

衣带断几条

四川和蒙古草原

落满古代的银两

蚂蚁在大地上搬运黄昏

薄得很，大街上的人群

在黄昏到来前，表情陈旧

被速度涂上一层虚幻的药粉

欲望的蔓草，长满缝隙

在锈蚀的

百货公司面前，影子低垂

不断滑落三两声唏嘘

初入城市者，站在顶端

像一头准备出行的鲸，身体幽暗

内心湿润

他知道，蚂蚁在大地上搬运黄昏

唯有黑夜，锋芒闪烁

把这个世界修剪整齐

端午

河流在月光下向荒野逃奔
亡者之灵在河面聚拢嘴唇
他们等待着，垂钓者将他们的冷
钓走

五月的中国，一滴雨追赶另一滴雨
一个夜将另一个夜逼下悬崖

总有人在梦中失声尖叫
声音向下，像野草的根须
扎痛坟墓中那些苏醒者

他们说，他们的骨头锋利如剃刀
割断命运的河流，千年不锈

他们说，他们活在自己的命里

头颅发芽，周身开满花朵

在我黑暗的身体内部

在我黑暗的身体内部
始终有一只手摸索着什么
越过有阴影的肺，清晰地
敲打我的骨头
我无法阻止，只能说
轻些，再轻些

它要寻找，被挤压
变硬的往事
那些高速滚动的石头
此刻，安静下来
守候在心灵的暴风口
把劈来的锋刃
——碰卷

只有我知道，这些怪异的事物

呈现和消逝的方向

低语

需要一把利斧
将两个不同的我劈开
把梦的枝杈削尽
地面铺满冬天的残骸

一种缓慢的撕裂
让世界忍受不住
我打满补丁的身体
走得快些，再快一些

野地汹涌

人兽迷失

再次低语

每次，都要从耳朵内部

掏出一些生锈的钉子

一些石块，药棉

和时间的烟灰。

白天，生活将这些疼痛的碎屑

植入体内

到了晚上，梦是一条宽大的舌头

沉降、飞翔，孤独地舔舐

身体中的坍塌……

石头

黑夜，天空下降

白天，河流上升

做梦的人

在中间行走，一路追赶

魔术师居住的城市

他的背上

背着简单的乡村

当他接近，黑白交替的缝隙

借着峡谷

瞬间潮湿的光线

他发现，从他身上

高速滚落的，不过是一些

柔软

受伤的石头

他

他是一个把伤口
变成枪口的人
一个躲在泪水里
磨刀的人

他是一个在灰烬里
寻找温暖的人
一个让灰尘
开出花朵的人

两个相反的人　面容清晰
每天早晨
在你对视的镜子里

没有用

最坚硬的铠甲是黑夜
最柔软的建筑是心脏
秋日闲来无事
我独自拥有这两件法器
好像远方不远
旷野不空
我并不是孤独的

给

天空俯下身体
她的双乳高耸
好像喂养上帝

雨水涨满河流
泪眼浇灌命运
分不清深陷的痛苦，奔走的幸福
也分不清天空中的沟壑，脸上的皱纹

她饱满的身体缓缓打开

饥饿的墓园

黄昏把自己悬挂在栅栏上
栅栏潮湿，通向远处的路
已经腐烂。
他们的脚，失踪在腐烂的路上。
从相爱的身体里，拔出恨的钉子
那些钉子仍然在飞
整个墓园都在飞。
谁也无法醒来，一个人
在黑暗中保持警惕的眼睛……

我要翻晒在这片土地上

我的血是青铜的颜色，深沉地

发出金属滚动的声音

它在歌唱啊，嗓子有点嘶哑

像河流，疲倦了，舔着自己的身体入睡

在太阳下面翻晒

我是一片平躺的原野

被河流捆绑，随它纵横奔走

我的锄头站在身旁

爆出翠绿的枝桠

我的庄稼望着我

发出一串粗俗的傻笑

我要喊一声祖母，她睡得比我深

怎样才能摸到她，让我们的小指头
快乐地勾一下
也许，她早已化作泥土，喂了庄稼
淌进我的血管，变成一片青铜似的火光

还有祖父，那个赶羊的糟老头子
葬在山坡上，坟很小，像一只羊低头吃草
他只能继续孤独下去了，谁让他喜欢羊呢

我已花完五十年时光翻晒这片土地
像祖先一样
我要把自己翻晒在这片土地上

是
你

你并不等于你自己
你不过是
自己的奸细
有时蹲在身体里边
有时在外边
一条不规则的裂缝
打开逃离的门

花树

用一个下午看她凋谢

我好像是残忍的

但她已经等了很久

缤纷地凋谢是她的快乐

山顶冷寂　　除了爱

我没什么可做的

她有那么多娇艳的嘴唇

竟无法开口说一句话

只能用颤抖　　一瓣一瓣

剥开自己

谁也不知道

天空有多少闪烁的细针

把我们缝在了一起

纸上

白天看不见

晚上出来吧

变身一只蚊虫也可以

我蹲在路口

等你来叮我

小粒的牙齿洁白

唇抹了麻药

熟悉用力的角度

熟悉无法熄灭的渴

我的血分你一些

把病毒

分些给我

那些身体里的崩溃

我亦经历一次

我亦变身一只蚊子

飞着

趁天黑

叮碑上的小名

我们不变蝴蝶

爱情

透过古旧的木格窗

看见一只硕大无朋的蝴蝶

端着自己的肉身

在梳妆

她把嘴唇涂满黑色药膏

在胸前

画上两只人类的乳房

一闪身

进了墙上镜子里

一个幽微的声音传来

我要怎样才能

淌出两行人类的眼泪呢

尘埃一点点下落

尘埃一点点下落，在后半夜

发出巨大的声响

一千年一厘米，淹没

埋人的山岗

他们睡在地下

依照秩序，一层又一层

如同住进了楼房

低层的人越来越深远

需要一座电梯才能穿过黑暗

回到我们梦里

今晚，我的梦是空旷的

就像等待上演的剧场

为来访者留着位置

长达半天的欢乐

时间机器，既不能制造时间

也不能让时间消逝

我希望它能

把生活的碎片粘结

一次性给我，长达半天的欢乐

然而，和通常意义的

碎纸机

没有什么两样

在空空的屋子里，时间机器

首先卸下我的牙齿……

说说忧伤

切开一大颗眼泪

没有找到忧伤　切开

泪水干涩后

那一小点盐末

也不能找到　什么都没有

这锋利毫无用处

地板铺满尘埃，黑暗

将巨大的翅膀搭到肩头

人间词

进去马上就出来
一滴血溃散在人世的围栏
没有人能够试着死亡两次
空气里留有他胶质的影子
……

石头屋子一夜变白

石头屋子一夜变白
风挂在楼梯口，掉下许多白发

一切，在加速衰老
我早已放弃
为一个消逝的梦草写悼词

石头终于想飞上天空
怀藏风声的人
周围铺满有裂缝的海水

生活，总的来说还不错
那应该忘记的，又开始在天空
露出闪闪发光的眼睛

睡眠

我小心把自己摊开

像一张薄薄的纸，让它

不要有一点卷曲

白天的挤压、破碎，被睡眠

这温暖的手掌抚平

我的边缘已经不存在了

仿佛在融化，无限延伸

和空气、土地、黑暗中的光线

紧紧连在一起

我同上帝那么接近

他用发痛的手指

敲响我的脊背，说

这个琴键开始坏了

一截梯子深入我的肉体

停电的一天，晚上

从底楼向顶楼攀爬

地板铺满尘埃，黑暗

将巨大的翅膀搭到肩头

其实黑暗，也不过是一些尘埃

我也是一些

集中起来的，长着锈迹的黑暗

被尘埃举起，总想挣脱什么

这样想着，突然感到

一截梯子伸过来，尖锐地

深入我的肉体

我被引向

世界的另一次虚空

一枚钉子穿透沸腾的海洋

突然嗅到一点棺木气息
从某个人身体的缝隙漏出
这是在集贸市场，人人都为利益游说
阳光穿透云层，像一只巨臂
伸进尘世的瓦缸

坐在稠密的阴影深处，寂寞地
看着这一切
世界像一个庞然大物，缓缓向我逼近
不得不把自己贴在上面
变成一张寓言的标签

也许时候到了，不再作什么比喻
一枚钉子穿透沸腾的海洋

一把钳子从黑夜伸过来

一把钳子从黑夜伸过来

拧紧我的耳朵

我的鼻、眼、牙齿

甚至整颗脑袋

这些在白天高速运转

被挤压、牵扯，即将散失的部分

开始恢复预定的位置

但有一样东西已经丢失

再也无法找回

像风暴拔除的树，在体内

形成一个破碎的

空空的池塘……

乌鸦涂满天空

嘀，那么多乌鸦

从精神病院飞出

那么多那么多乌鸦

在悲观者大脑里涂抹

翻卷的翅膀涂满天空

把巨大的沟壑抹平

黑夜提前降临

像一把不说话的刀子

缓缓插进城市肉体

建筑群，在颤抖中爬高

撑开一摊阴影

人类的梦魇挂在枝头

这些受伤的果子闪闪烁烁……

我所得

我喜欢黄昏之后，牵着闪电回家
喜欢大地在身边，一寸一寸暗淡
我喜欢泥土一样，被雨水稀释
喜欢背半卷冷风，抚摸黑夜的星斗
我喜欢街道两旁的人群，既堕落
又幸福
喜欢为喋喋不休的人
修理发烫的舌头
我喜欢爱就是爱，恨就是恨
我就是我
喜欢喂养一群美丽的乌鸦
它们流浪我流浪，它们栖息
我就收拢翅膀
当一切开始变成结束，一切虚无

化为宇宙之王

我也要穿上黑色的大衣

去沉默地飞行一圈……

雨

雨来了——
摇晃无数细长的钢针

大地在痉挛
它已破碎地等了很久
河流的喉咙被肮脏堵塞
奔跑着一群饥饿的石头
那些滚动的疼痛
多像乡村熟悉的面孔

向天空微微敞开吧
这世界的骨节
需要一场疾雨似的针灸

一夜

夜晚是陡峭的崖壁
做梦的人
被一颗钉子挂在上面
攀爬或下去，都不能自己做主

什么地方燃烧起来，也许是夜的边缘
我蹲在坚硬的中心，已经感到了灼痛

消防车鸣着警笛
从一个深渊驶向另一个深渊
天空中响起脚步声
是未来的人在急匆匆地奔跑

没有人能够营救我
我使劲抠住自己的骨缝

迟到者

有时候，怀疑自己不过是
一个迟到者
总在匆匆赶往一班
已经开出的地铁
我的面部潮湿，一些时间的颜料
影子样脱落

谁也无法控制
我们的速度越来越快
怀疑生活的时钟，已被
一只看不见的手提前

跌跌撞撞，这样一路狂奔
不得不扔弃

一些鲜艳的细节

而风雨，总在后面紧紧追逼

摇晃模糊的小舌头

申请书

亲爱的上帝，我申请

不要调我去天堂，也不要

去地狱

天堂太明亮，没有坚硬的黑夜

地狱又太黑，看不见轻柔的白昼

我喜欢生活在

黑夜与白昼的裂缝中

被两把明暗不同的锤子

从不同方向，轮番敲打

欢娱

"男人的痛苦就像女人的乳房

越大越要珍惜"

他手中的液体里映着一只眼睛

比古时候窗台的月亮

还要明亮

满座皆笑客，庸俗的娱乐正在上演

一排迷离的脸

给夜色增加了许多漏洞

酒精让人过敏，成了抑郁症患者

无人理会来自角落的

喃喃自语

一个男人到了怀孕晚期

不能诞下身体里的伤……

夜生活

城市像一块发亮的指甲

紧紧抠住大地

地球抽搐了一下

我听到什么东西坠落的声音

小巷是城市的一根盲肠

被生活揉皱的人

不断往里面挤压

我听到什么东西破碎的声音

电梯下来忽又上去

把一小块一小块黑暗

运送到空中

我听到什么东西叹息的声音

我要骑着墓碑去远方
一生破碎需要闪电缝补

不

我一直在顺从　在向你们举手同意

差一点就举起了双脚

我一直失眠　像一罐摇晃的玻璃

忽左忽右　走着

像走那样

现在　我终于说不

我一定要说一次

用额头　在冷冷的墙上说

如果额头碎了

用脚　在扭曲的路上说

如果路删除了

用手　在苍茫的纸上说

如果纸都成了碎屑

用眼睛　在漂浮的光线里说

如果光全部消逝

用耳朵　在声音里说

如果声音不能倾听

用牙齿　在木头上说

如果木头成灰

用血　在泥缝里说

如果血也被冻结了

那么　我要用一小块骨头

在夜里

敲出一丁点声音

铁皮水管

趁着夜色　铁皮水管向前爬行

缓慢地

像怀孕的母蛇

揣着卵　小心警惕

掠过路灯的幽暗

拐弯

进入一栋普通楼房

底楼　娱乐场所通宵娱乐

液体丰盈

新笑复制旧笑

警察复制流氓

执政者复制小民

二楼　看见一位老者

病了

坏了的肺咝咝喘气

墙头挂着女人的黑白照

说不出话　目光里有期待

有尘埃

三楼　住着一个退休妓女

玻璃窗晃荡着

一只大号情趣性具

假得同真的一样

四楼　有人梦游

一张沼泽的脸

离人类愈来愈远

五楼　一对男女终于决定

手寻找着手

身体寻找着身体

从嘴唇上撕下吻

把迷你型内衣丢失

六楼　进入诗人房间

它想和诗人说话　但喉咙

打上了死结

铁皮影子

一个时代的雨水

已经旧了

分不清，响声来自体内

还是体外

政治粉刷在墙上。铁皮影子

抱紧水泥地面

把一个街区的忧郁

传染给另一个街区

另一个你，在集体的命途中奔走

人们精神恍惚

当黑夜剥下翅膀

风剥下自由的裸体

几盏灯火潮湿，穿过大街上密集的群体事件

他们的脸，是肯定，不是否定

散落雨天的坑洼中

骑墓碑去远方

一切仿佛都不值得蔑视

百年寂寥

可用半日欢乐抵挡

如果真的晚了

我要骑墓碑去远方

一生破碎需要闪电缝补

越来越急促的蹄声

把山水烙上稠密的阴影

只有我是闪光的

身体里那些黑色锯末

撒得到处都是

问题

在夏天睡去，在秋天醒来

一定醒来。

醒来又怎样，整个宇宙都是假的

很有可能，我们生活在一个虚拟世界

人类都是虚拟的，不过是一组

又一组数据

不断刷屏，黑屏，关机。

就算是假的又怎样，我们还是

要为生存奔波

即便真是假的，你走到街上

告诉别人这个世界是假的

结果只会被报警

抓到疯人院治疗……

不过没关系，那也只是虚幻的治疗

附录

写出城市灵魂复杂的内在真相——曹东诗歌六人谈

李元胜

十年来，曹东以独特的写作趣味、独立的诗学实践逐渐成为界限诗群代表诗人之一。

曹东擅长短诗，这是最考验人写作的。短诗如闪电，必须瞬间照亮夜空，照亮未曾被其他诗歌触及的事物或事物之间的关系，它需要的语言强度，需要的心智能力，需要的别出心裁都必须是非凡的。曹东选择了这样的难度写作，并进行了十多年的实践，从局限到辽阔，从锋芒毕露到拈花微笑，这样的过程是漫长而曲折的。他也深深受益于他写作最初的局限和锋芒毕露，甚至受益于他看似粗暴、偏颇的诗歌构造方式。

如果说他其他诗集，让我们看到他十多年的写作过程和各个阶段的收获，那这部诗

集更多展现他的最新成就。作为一个实力诗
人，他有自己的诗歌写作黑科技，并在这部
诗集中进行了尽情发挥。

津渡

评价一个诗人的作品是颇为困难的事情。大多数时候，我宁愿以旁观者的身份来潜心阅读。

曹东一直是我阅读的对象。印象中，他是一个虔诚得近乎狂热的诗歌写作者，始终耽于技艺的锤炼，同时也是一个十分低调内敛的人，非常重视"功夫在诗外"的修行。这对诗歌写作者来说，都是异常重要的，它显现了作者的诗学态度与内在品质，也将最终决定一个诗人到底能走多远。

曹东的诗以短小精悍、形制完整见长。我想这也是这部诗稿即将以《说出》来命名诗集的原因之一。既然是说出，那就是最重要，最直接，也最有效，言简意赅，振聋发聩，命中要义的诗歌。很长一段时间，我也有相同的想法，能在二十行以内解决问题的，决不会再去饶舌。这也体现了一个诗人对母语的珍视与自觉，有别于英语、俄语这些语言，汉语本身就是高度凝炼的语言。

曹东的用语，简短、凝炼，语意高度浓缩，还有一点需要指出的是精确，他为此甚至到了"苛求"的地步，惊险与克制的巧妙平衡，莫过于此。我在阅读中有时不免要惊呼：当心！基于此，我完全有理由相信曹东在诗学上的"用心"，他使我不由自主地会想起杜甫、贾岛这些"苦吟"的诗歌前贤。好在曹东能够举重若轻，他把每一个诗句都收拾得十分干净利索，而内在结构的接榫也显现得从容有度，方寸之间，严丝合缝，气息匀称。从形制上而言，堪称完美，从喻义上讲，严实准确。

曹东的诗歌，值得关注的，还有他诗歌里的真诚与内省。一个自觉的诗人，除了外在的指向，必定也是一个向内挖掘的诗人。《深夜我突然翻身坐起》，这是由里向外的延展，是从自我出发，对外辐射的诗歌；《散场》是反向的，由外触及内心；《一只乌鸦是天空的僧人》则进进出出，反复指示，反复提醒，反复拷问。曹东的诗歌无疑提供了一种范本，在于真诚地显现出了他对世界的认知，以及他内心里对这个世界的触动、不安、反馈与答复，因而弥足珍贵。

更重要的一点，是他在诗歌里开掘的深度。这是一个"不近人情"的家伙，他以直面的勇气，写出了深层的疼痛和无法释怀的归宿感，比如《一只乌鸦是天空的僧人》《苍梧谣》《说出》《我要翻晒在这片土地上》……这些绝不是小疼痛，而是大哀恸，还原了生命的本源，说出了我们共同的命运，进而直接指向人类的归宿。

从诗艺上讲，曹东的诗歌需要研读的也有很多，包括意象运用的准确性，语速的推进，以及寓义的蕴藉与深刻深度，在这些方面，曹东走得很远。比如《一只乌鸦是天空的僧人》《许多灯》《一截梯子深入我的肉体》，乌鸦、灯、梯子，诗句里的意象纷呈，很好地加重诗歌的指示意义，很难分辨出那究竟是实指还是虚指，意象与表达的语义相互融合、泅化、渗透，有些指示明白，一目了然，有些甚至"触目惊心"地精确，有些扩展了词语本身的意义，有些变得更加复杂而饱满，这些都已成为曹东诗歌里的特定符号。又因语义的指示明确，切中肯綮，在句义加重的前提下，句速反而加快，大大增加了诗歌的可读性，诗歌显得大气、庄重，又毫不迟滞。

　　曹东的诗稿我断断续续读了近一月，迟迟没有动笔，最主要的原因无非是在于阅读过程中自我观感的认同、反复与辩驳，甚至反对，它们需要系统地考量作者的写作背景、出发点、指向与终极。曹东的诗歌值得从更

多的层面来反复阅读，他是一个有严格诗学
意义的写作者。简短的行文略显粗略，有待
于进一步深刻剖析与认证。

解
非

　　曹东先生的诗歌作为独立的审美意象进入人们的视野，呈现出新思潮中新的审美视角，追求个性解放和讴歌大自然，这种独立性的内涵和外延强调了美学的自由性。这种自由更多的是一种精神的自由，是内心里的一种自由，是一种内心精神的超越。深沉睿智的内省形成对生命、人生、命运和历史规律的深刻感悟与理性认识。他选取的意象多是自己的心象，以白描手法刻画客观物态见长，透露出一种平和超然的情绪，笔下的自然景物多是诗人自己形象、品格和命运的一种象征，根深蒂固的中国文化血脉使之呈现出一种对中西文化兼容并蓄的格调和品位。

北野

我们的身体是一所黑暗的堡垒，诗歌是引领那些灯光的一道缝隙吗？如果是，曹东就是那个梦中的提灯人。

在此之前，曹东已经感受到了身体之累，已经确认了那些暗中的事情。他的日常生活和矛盾的内心冲突所产生的撞击，已经体现出了一个诗人思想中纠结不清的复杂感情和思索；这些思索也许难免陷于迷茫和困惑，但他除了用尽诗歌的技巧来呈现其中所揭露的哲学奥妙，他也在把一个诗人的个性和道德感加入到简洁的叙述当中，这就使曹东的作品显示出了敏锐、朴素、轻松、练达和充满深刻关切的诗歌品质和人文之情。

我相信读者会通过自己的阅读经验，找

到其中观察身体和命运的隐秘路径。他从不炫耀生涩的意象，这说明他和附近的生活没有距离；他也尽力避开众口一词的诗歌语汇，这使他自愿为远处的人群和视野奉献着眺望的高地。

我从来不愿意把诗歌文本拆开揉碎或去做些臆想图解之事，这样对诗歌有失尊重，对诗人形同侮辱。欣赏一首诗，一百个人必有一百种结局。"果实就是果实，金子就是金子"，其实真正的诗歌从来就不期待群众性的恭维，那样是别有用心。诗歌需要沉默，沉默是伟大的重生。

让我们在重生中体味诗歌的魅力，我们会从中找到长存的命运和它露出的时间的真理。

马知遥

他有一个高倍的放大镜，能准确清晰地看到世界的内部，这包括我们的生活空间，也包括诗人自己。

他是一个旁观者，细心地观察，感受，思考，下结论，而结论可以让你信服。

他的诗歌属于一种审视写作，即凭借自己多年训练有素的艺术直觉加上生活经验的形而上求索，使得平常的事件总能生发出去，不是从事件到事件，而是从典型到了普遍。

所以，他的诗歌不只在写重庆或者四川，而是在写整个我们以为的世界。

在他略现理性的语言里，我们还时时看到理想化的追求，这样的追求让他本人显得复杂起来。他是感性和理性的复合体，是脆弱和刚毅的，是神秘和清晰的。

　　在《蚂蚁在大地上搬运黄昏》中，诗人前几段为我们呈现的是一片破败和荒芜的城市景象。最后三句，他写道："他知道，蚂蚁在大地上搬运黄昏／唯有黑夜，锋芒闪烁／把这个世界修剪整齐"。看似漫不经心之句，却含着强大的力量。只有怀揣希望之心的人才能在黑暗中看到黎明。

　　诗歌《抽屉》充满了智慧。他通过推拉抽屉的行为看到了生命的磨损，看到了所谓世俗光亮的局限。人生的宿命情绪顿时弥漫而来。

　　在《梦》里，我们看到的是潜意识中诗人设置的人与动物的和谐，内心的渴望。而这样的和谐却只能出现在梦里，悲观地面对现实，狗眼看人低的世俗生活已经足够让我们一梦不醒。

《许多灯》可以成为他的代表作，而且这首诗歌可以和他的另一首《一把钳子从黑夜伸过来》形成互文的比较。在诗人眼中，每个人心中都有很多灯在亮着，但因为现实对我们的损害，对我们的考验，岁月的沧桑，我们的灯有多少在熄灭？这些"灯"的隐喻色彩很明显：希望、自信、友爱、诚实等等。多年后，我们还能将多少灯重新点燃？这是对自我的反省，也是对整个人类命运的反思，具有以轻表达重的特点，简洁而绝不简单。

在《一把钳子从黑夜伸过来》中，同样

的思考和主题用不同的意象表达：我们在现实中被钳子扭曲，异化，在生存的夹缝中生活让我们回不到过去的自己原来的自我。这是对后现代时代，工业文明对人性异化的最极端化的表达，是对自我消亡的悲哀吟唱。当自我消隐后超我又谈何存在？！

他的《雨》《还给我》更延续保持了他诗歌理性的一面，同时在形式上更增加了强有力的节奏感，完成了理性思索与锐利形式的统一。

薄薄的精美诗集处处是凸现风格的诗歌，这不容易。一本诗集即使读完后有一两首让人过目难忘也不容易。他的诗歌值得反复阅读，味道在不断阅读中浓郁。

罗振亚

　　能写出城市灵魂复杂的内在真相者寥若晨星。曹东《夜生活》从城市、小巷到电梯的由大而小由远而近的视角起用，和"坠落"、"破碎"、"叹息"三种逐层递进的声音捕捉，曲现人类生存境况的沉重、压抑和黯淡，逼向了都市社会的实质。

　　……

　　当前为何诗人们寄居都市却多瞩目乡村，"心在别处"？这固然和乡土诗传统强大有关，也反映出诗人们表现都市内在节奏和精神的无力、无效性，提出了一个必须正视诗歌如何书写都市的命题。

　　（摘自《常态书写与艺术失衡》，原载《当代作家评论》2009 年 5 期）

「黑夜」中的「身体」书写——曹东诗歌的一种解读

文／熊辉

　　中国以经济为导向的社会发展模式带来
了物质生产的极大丰富，却助长了人们欲望
的极端膨胀；疯狂的利益追求耗尽了现代人
的生命，精神世界由是遭到了无情的放逐。
于是中国出现了赫伯特·马尔库塞所谓的"单
向度的人"，揭示了发达工业社会对人们否
定性、批判性和超越性思想的成功控制，从
而使我们丧失了自由和创造力，不再想象或
追求与现实生活不同的精神世界。曹东的诗
歌创作正是在这样的语境下展开的，然而他
却固执地去坚守和建构自己的诗意空间，与
现实社会和生活潮流呈现出巨大的反差，彰
显出鲜明的个性特征。

一

　　"黑夜"和"身体"是曹东诗歌中的两
个主要意象。

　　阅读曹东的作品，"黑夜"是不停地闪
耀在读者眼中的关键词。曹东诗歌中的黑夜
具有复杂的多维意义：它是诗人独处的时间
和空间，诗人只有在黑夜中方可面对真实的
自我，完成内心的审视和超越；它是诗人生
活的现实空间，诗人感到"一直在黑暗的街
区行走"，没有理想和信念的现实生活如同
让人看不到方向的黑夜；它是不幸发生的时
间和空间，生活的悲剧就像"铁皮水管"一
样"趁着夜色"延伸进普通人家，没有人在

黑夜里过着幸福快乐的生活。

除"黑夜"外，"身体"也是曹东诗歌中出现频率较高的词语，其诗作中的身体具有较强的隐喻意味。由于诗歌在语言组织上是对叙事文体语法常规的超越，俄国形式主义代表什克洛夫斯基将之称为"陌生化"，现代诗歌创作的具体做法就是将一些看似毫无关联的事物和语词并置在诗行里，英美新批评理论称其为隐喻。曹东常将"身体"与黑夜、补丁、旧地址、道具以及墓穴等意象并置在诗行里，使诗歌语言在获得张力的同时蕴含着深刻的意义。具体而言，曹东诗歌中的身体有如下含义：一是指我们赖以存活的肉身；二是指我们灵魂安放的场所；三是指精神之外的物质世界；四是指纯粹的精神之躯。总之，诗人作品中的身体已摆脱单纯的生物性意义，演变成肉体与灵魂、物质与精神的二元结合。

曹东在黑夜中的身体书写超越了一般意义上的"黑夜意识"和"身体写作"，诗人拒绝了媚俗和感官书写，从而使自己的作品具有形而上的精神高度。曹东在黑夜中的身体书写常常体现为诗人在黑夜的孤独与尘世的忙碌中，在物质的压迫和精神的虚无里，希望身体能够逃离现实的压力而进入纯粹的自我精神之境。与此同时，曹东在黑夜中的身体书写具有十分浓厚的忧患意识和悲悯情怀，揭示出现代人在异化生活中的彷徨与挣扎，是对现实生活和生命个体的人文关怀。

二

关注精神世界的诗人与物化现实之间总是显得格格不入，致使曹东常常处于身体与精神的分裂状态中。

现代人是精神与身体相分离的异化之物。物化现实往往将人们的时间和精力耗费在追求物质和利益的黑洞里，"神形分离"已经不能概括当下人的处境了，因为很多人徒有"形"而无"神"，他们活着的只有肉身而没有灵魂，"行尸走肉"成为他们真实的生活写照。由此，那些精神和肉体错位的人倒成了少数值得尊敬的群体，毕竟他们在身体之外还具有精神世界。曹东先生就是一个神形分离者，他的身体"是一个旧地址"，他的精神早已不住在他的身体里。在尘世中行走的是诗人的肉身，在喧嚣中沉思的是诗人的灵魂，因此身体与灵魂成为严重错位的"二元对立"。由于现实生活的种种"异化"和"失范"，精神与肉体无法像"圣人"一样和谐地统一于"人体"中。诗人缘何要让自己的灵魂和肉体分离呢？他为什么不让二者有机地融于一体？人作为社会化的产物，在一个利益共同体内群居，我们必须遵守一定的规则和约定俗成的行事方式，离群索居或摆出"出淤泥而不染"的姿态不失为明智之举，但到底是与现实不相融合的另类行为。因此，一个成熟的个体常常是既能融入他所处的时代，又能与当时的世俗保持一定的距离，正所谓让身体在尘世中行走，让灵魂在想象中高蹈。曹东兼具了儒家的入世与道家的出世思想，才让他在参与当下生活的同时，保持内心的独立与纯洁。

现代生活的强度与物质压迫导致现实自我与精神自我严重错位。迫于生存和生活的压力，诗人不得不"日出而作"并出席各种不同的场合，白天只能沉浸在尘世的喧嚣和身体的疲劳中。但曹东又分明是一个喜欢独处且一定要拥有自我精神世界的人，于是外在现实和内心世界便产生了巨大的分裂，最终给诗人的内心带来无尽的痛苦。只有在夜深人静的时候，待车水马龙的街头逐渐归于沉寂，黑暗笼罩着四合，诗人才能够让自己的身体从现实生活中剥离出来，他才能够面对真实的自我，回想前尘往事或思考今夕何夕，这时候的诗人才算是真正地为自己活着。正是从这个意义上讲，我们便可以理解为什么曹东的很多诗篇都写于夜晚，而且要让"身体"充满他的诗行，因为他不停地在肉身与灵魂的拉锯战中艰难地活着。比如《再次低语》这首诗便形象地再现了诗人矛盾的生活："白天，生活将这些疼痛的碎屑／植入体内／到了晚上，梦是一条宽大的舌头／沉降、飞翔，孤独地舔舐／身体中的坍塌"。这样的生活无疑是艰难的，诗人也力图走出痛苦的泥沼，正像他在《低语》中所说："需要一把利斧／将两个不同的我劈开"，他不希望自己再纠缠于现实与理想之间。但现实是残酷的，如若诗人真将自己劈成两半，那"梦的枝叉削尽"之后，生活的天地就会"铺满冬天的残骸"，哪怕瞬间的春暖花开之景也不会再现。因此，拥有理想和精神高度的诗人尽管是痛苦的，但 "打满补丁的身体" 哪怕要经受严酷的"撕裂"之痛，也比那些简单的行尸走肉或不食人间烟火者幸福，毕竟他保留了精神世界的自我，他可以把身体在尘世中遭受的痛苦在精神世界里加以化解。《一把钳子从黑夜伸过来》这首诗也是诗人的理想与现实博弈的诗篇，他总是痛心于理想情怀和高尚情操的消失，那些纯真的生活"再也无法找回／像风暴拔除的树，在体内／形成一个破碎的／空空的池塘"。此外，《我已经不在这里》这首诗表达的是诗人的身体活在当下，而他的灵魂和内心的情操却游离了污秽混乱的现实，所以精神之"我"已经不在俗世了，同样传递出诗人对现实的疏离，以及他对自我精神之境的营造。

在虚假的现实语境中，身体成为人们生活的道具。个人为了迎合并适应现实生活的各种场合与各色人群，不得不让自己的脸面学会显露各种表情。诗人在《浮生记》中认为，人活着就是去经历凡尘世俗之虚妄，"你的身体不过是一件道具",控制我们"表演"的也绝非主体的思想情绪,在芸芸众生中,我们有时候会"言不由衷"或"言过其实"。也许我们"表演"的初衷是为了求得内心的平和,但事后却会引发内心的不安甚至让自己的心灵遭受创伤。如此一来便会产生真实与虚妄的冲突,其结果是以诗人的受伤终场。但生活还得继续,不同的戏曲还会相继上演,我们还会扮演各种复杂的角色,即便受伤也得"前赴后继"地迎接日子的到来。生活充满了悲剧色彩,我们"常常在伤口里/不停地搬运自己","伤口"一词涉及的对象是精神化的身体,"搬运"一词涉及的对象则为物化的身体,这行诗进一步表明人活着是悲哀的，我们往往精神不再而徒留肉身，或者我们精神受伤而身体却强颜欢笑。

在此，我们不能将曹东表达现实苦闷的诗篇仅仅视为个体情绪的宣泄，或个体理想情调的阐发，它实际上是一个时代的"症候式"书写，是一代人的心灵史和思想史，具有厚重的人文情怀和时代意义。

三

"诗意地栖居在大地上"不仅是一个严肃的哲学命题，也是众多诗人追求的理想生活境界。因此，曹东绝不会让"身体"在俗世中异化为普通肉身，他希望通过自己不断的修炼点亮精神和理想之光。

　　海德格尔曾这样描述过他急于返还的乡村："南黑森林一个开阔山谷的陡峭斜坡上，有一间滑雪小屋，海拔一千一百五十米。小屋仅六米宽，七米长。低矮的屋顶覆盖着三个房间：厨房兼起居室，卧室和书房。整个狭长的谷底和对面同样陡峭的山坡上，疏疏落落地点缀着农舍，再往上是草地和牧场，一直延伸到林子，那里古老的杉树茂密参天。这一切之上，是夏日明净的天空。两只苍鹰在这片灿烂的晴空里盘旋，舒缓、自在。"（海德格尔：《人，诗意地安居》）海德格尔主张"诗人的天职是还乡"，其欲返还的处所祥和安宁，犹如中国东晋诗人陶渊明《饮酒》

篇中的"南山"，也是诗人曹东在尘世中苦苦挣扎后意欲达到的理想生活境地。

　　诗人总是在黑夜到来的时候孤独地面对自己，身体闪耀着永不熄灭的精神之光。在奔忙不止的滚滚红尘中，物质和肉体的欲望让生活失去了安歇的节奏，或者有人只是让身体穿梭在广袤而局促的时间和空间里，很少从世俗的忙碌中抽身出来去整饬精神世界。诗人永远是善于观照内在世界的脱俗者，曹东常在夜幕降临之后独坐黑暗中，那时候他是孤独的，但孤独的不是他的肉体而是他的精神。在广阔的夜幕下，有多少人像他一样抖落一身的尘土，让精神踏上遥远而圣洁的路途？在《日志》这首诗中，诗人并没有记载九月十二日发生的事件，而仅仅将"独坐黑暗中"作为当日所记，看似琐碎且毫无记录价值的内容却点亮了我们肉体之外的精神空间。当物质世界"关闭"之后，那些现世利益或欲望不再闪烁着迷人的色彩，万物"褪尽颜色"，此时诗人方觉正义和向善的灵魂尚在黑暗中闪着亮光。正如诗人在《日志》中所写，身体在黑暗中"只剩几根骨头还亮着"，此时的"骨头"指的是坚毅有力的内心，广阔的"夜幕"指的是生活中无边的灰暗，"细细的闪电"指的是积极的精神之光。这首短诗表达了诗人意欲从物质世界和肉体存在内缩到精神世界的想法，这不是消极的退缩或无能为力的逃避，而是诗人身处现实而不得不采取的"应对"方式，反而凸显出他不愿被物质和欲望吞没的倔强与傲气，不甘沉沦的诗人心中始终高悬着理想和精神的光芒。在《废墟》这首诗中，诗人也是在夜深人静的时候开始审视自我，他认为"我在变，越来越轻／只剩下一点身体的废墟"。曹东觉得自己变得越来越轻，因为精神的颓废和荒芜，持公正之斧的"伐木者"让诗人"身上木屑纷飞"，精神之维的重量减轻了，留下的身体就会变成废墟,无所依傍也无所价值。

当"身体"中驻扎进陈旧观念的时候，作为敢于打破常规且具有创造性的诗人，曹东希望用自己的"身体"去喂养"敌人"，进而不断提高自我修为。我们常记得"良药苦口"和"忠言逆耳"的古训，但在日常生活中，每个人却总是喜欢和自己站在同一立场上的"战友"，不喜欢那些指出我们缺点的人。流行音乐《海阔天空》中有这样的歌词："冷漠的人，谢谢你们曾经看轻我，让我不低头，更精彩地活。"事实上，生活中我们除了需要"战友"之外，其实也需要"敌人"，正所谓"生于忧患，死于安乐"。有时恰恰是给自己设置难关的人成就了我们的事业，作为一个几乎"日三省吾身"的诗人，曹东深知在沉浮的人海中，温顺的"宠物"比不上桀骜的"敌人"对自己有用。因此，他在《宠物》一诗中写道："要养就养一个敌人／用盐分重一些的眼泪／喂它　用低烧的伤口／

为它取暖"。只有"敌人"才会舔舐自己的眼泪，才会用发烧的伤口取暖；而只有敌人才会"提起鞭子"去"抽打那些疤痕"，才会不惜一切代价地去揭示自己的伤疤。诗人在面对这样的"敌人"时，不但没有心生怨气，反而会"喜欢它"，喜欢上它的"抽打"和"舌头上／有毒汁的刺"，毕竟它们会让诗人发现自身的不足，从而更全面客观地认识和改正身体上的污点。诗人能有如此平和的心态，自然与他长期的"修炼"和对生活的认识分不开；也正是有了这种心态，诗人才会更加豁达地直面生活中的各种是非曲直，迎向美好而恬淡的生活。

身体是精神驻扎的场所，唯有理想方可

引领我们不断地朝着目标迈进。给精神世界留足驰骋或休憩的空间，是曹东在纷繁生活中坚守的理想，尽管他时时感到尘世的欲望寒气逼人，但在心中却时时有不灭的明灯亮着，指引他走向下一个人生驿站。在《许多灯》这首诗中，诗人写道："许多灯，在我身体的房间／亮着"，但旁人只看见了日常而普通的诗人："我上班下班，挤公交车／陪领导笑谈。十年了／竟无人发现"。诗中的"身体"是精神依托的地方，诗中的"灯"是散发光彩的精神之躯，诗人是一个注重自我修养的人，哪怕整天奔忙于生计，也要让内心有足够的调整和修炼时间："只在一人时，我才小心地打开／并一一清点，哪些灯已经熄灭"。能够在忙碌的生活中返身观照内心的人，无疑是有精神修为的人，诗人常停下繁忙的脚步以审视内心，让精神世界亮着"许多灯"是他不倦的追求。

除上述涉及的诗篇之外，像《饥饿的墓园》《纸上》《一截梯子深入我的肉体》《乌鸦涂满天空》《铁皮水管》《铁皮影子》《骑墓碑去远方》等诗篇都是"黑夜"中的"身体"书写，这些诗篇在表达诗人意欲逃离现实的同时，进一步凸显出他深沉的忧患意识和理想情怀。

（原载《星星·诗歌理论》2016 年 2 期）

少数诗篇·长诗卷

大风

曹东 著

长江出版传媒 | 长江文艺出版社

图书在版编目 CIP 数据

大风：长诗卷 ／ 曹东著 . —— 武汉：
长江文艺出版社 ,2016.8
　（少数诗篇）
ISBN 978－7－5354－8636－3

Ⅰ . ①大… Ⅱ . ①曹… Ⅲ . ①叙事诗－中国－当代
Ⅳ . ① I227.3

中国版本图书馆 CIP 数据核字（2016）第 032220 号

责任编辑：谈　骁　　　　　　责任校对：陈　琪
封面设计：形而上　　　　　　版式设计：日月丽天
内文插图：李明月　　　　　　责任印制：左　怡　包秀洋

出版　长江出版传媒　长江文艺出版社
地址：武汉市雄楚大街 268 号　　　　邮编：430070
发行：长江文艺出版社
电话：027—87679360
http://www.cjlap.com
印刷：上海豪杰印刷有限公司

开本：889 毫米 ×1230 毫米　　1/32　　印张：7　插页：12 页
版次：2016 年 8 月第 1 版　　　2016 年 8 月第 1 次印刷
行数：2800 行

定价：60.00 元（全二册）

　　曹东，1971年1月生，四川武胜人；作品见于《人民文学》《诗选刊》《诗刊》《星星》《诗潮》等刊，入选当代大学生人文素质课教材《新诗200首导读》及《中国现代诗歌精选》等选集，部分译介到国外；出版诗集《许多灯》；曾获第十六届冰心儿童文学新作奖，2013年评为四川省十大青年诗人。

目录

曹东说诗

　　诗是生命之体验、生活之体察、生存之体悟之语言意味表达。

　　诗虽是语言的艺术，但真诗常在语言之外；诗虽是抒情的艺术，但好诗需在抒情之外。语言不应多出一字，以不遮蔽诗性；情感不应高出一线，以不淹没潜思。言多必芜，情高则滥。

　　大诗至简，庸诗逐繁，伪诗弄玄。

　　诗美只是诗歌呈现之一种，诗歌应该呈现各种维度，包含假恶丑真善美。诗美像是一个误会，诗歌语言求美更是一条穷路。语言当求准确，是对心灵物象与体悟的准确指认，而非客观世界的物理性精准。

　　诗在唯我之察，独我之体，个我之悟。察世态，体物情，悟机理。世有万态，唯我之察方成诗；

情有千种，独我之体方能诗；理有百端，个我之悟方为诗。

大诗存在于无限小处，因为无限之小，故能透所谓之大。我希望我的诗歌是无限删减的语言之针，没有一点多余，而有咄咄逼人的锋芒，一不小心就会刺入骨缝痛处。

诗人是人类精神的保险丝，他用自己的发热、崩溃为人类心智预警。

真诗人都是用生命吟写，生与死都是必须逼视的。现代诗因其自由本性，大量存在虚浮的东西，而用生命烧制的经验之诗，如砂中砺金。生命自有可堪与不堪，也许坚持，才是它仅有的意义，而寻找意义的可能性，也只在途中。

标准，应当是针对工业产品而言，是对工业

产品合格与否的准确量化。对于诗歌，我更愿意用方向这个词来表达。说诗歌的好与坏，优与劣，往往只是一个方向，是由此及彼的过程，没有比照量化的刻度。如果一定要说标准，诗的标准也是移动的，非固定不变的。传统诗歌讲求和谐、优美，而当代诗更讲求活力。活力是当代诗歌更宽的标准，也是更高的标准。

传统如此强大，就像地心引力，谁也无法逃避。在学习中继承传统，在创作时专注创新。

作为受众，必须葆有"六心"：心静、心驻、心入、心融、心会、心悟，才能化入诗中。

一个诗人应该努力拒绝成熟。

诗有三境：情性、悟性、灵性。情是出发点，只有情性，诗人会不断重复自己和他人。悟是道路，充满了各种可能，给你真正的独我之印。灵是超拔，是无限地抵近神的对话。

大风

一

大风绑住北山的阴影
这世界破损了一角

蝙蝠比纸还薄
穿过十年潦草的黄昏

夜大醉，朋友失散
惟你像一粒钉子
漆黑地钉在那里

二

油漆从天空倒下来
比雨水轻
每一粒尘屑
都是一面镜子

不要熄灭
让夜色汹涌地燃烧
把用旧的身体
刷上一遍新漆

三

光线在漩涡里坍塌
世界的重力缓慢增加
谁也不能
扛着肉体逃脱

一只眼睛关闭追赶的尘土
一只耳朵埋葬内心的喧哗

花开的声音
弄伤了亡灵的耳朵

四

比回忆薄一些
如此清晰的一刻
天空被摘去了翅膀
他看见闪电坠毁民间
变成骨头、磷火
细小的虫子
比掏空的村庄还白

五

一个拒绝孤独的人
把身体里的影子全放逐出去
它们在屋子里群殴
弄出很大声响
但再无法回到原来的洞穴

六

听见远处

婴儿哭，我亦小声

练习几次

我们都是来自深海的鱼

没有脸

只能用身体微笑

没有耳朵

用气泡收发短消息

七

那么多雨水如棉花

你的身架很快白了

这肉体

是用来避雨的

看呐，天空的齿轮越来越亮

一只鸟儿奋力飞

它在与子弹赛跑

天空挂满锋利的生铁

那鸟

把我抛弃在地面

成为它的影子

八

这一夜，风忍住吹
芦花忍住变白
那些做梦的身体
忍住细小的裂缝

九

她像一只有裂纹的杯子
渴望安静
渴望冷
她的身体是一只精美的箱子
把自己死死地锁在外面

他像一只匍匐的甲虫
连做爱，都失去了个性……
熄了灯，一点一点
他抚摸着自己
想抽出一根熄灭的骨头

十

她的泪是锋利的

黑暗中

当他用手去擦拭

立刻尖叫着

缩回，手

已被划伤

仰望夜空

他看见

一个罩着笼子飞翔的人

十一

一片被敲打的铁皮，失眠者
身体向周围延伸
他的房间空了，一对形式主义的翅膀
沿着阴影边缘翻飞

光线有纤细的脚印
一面空镜子有阴郁的嘴，咬住
那些快要消逝的事物

道路很多条
被风吹乱

十二

一根骨头折断，和一栋楼折断

声音是相同的

大地摇晃的速度

正好等于

一座城市溃散的速度

离崩溃尚早

不必惊讶，街道轻轻起立

风在夜的表面磨着刀子

一条河流在刀锋上行走

一个病人背负着

一个朝代的月光

十三

天空偷偷迁移

风卷了刀刃

河流把天空锯开

蒙上夜色的粉末

只有此刻心才是完整的

天空像一张旧唱片

疲惫地旋转

火葬场的烟囱，是一根唱针

人们面容破碎

不过是摇摆的空衣服

十四

那走在阴影里的人
是一片更薄的阴影在漂移
如果拿它在石头上磨
一定会磨成疼痛的凶器

当他穿过玻璃纸的街区
突然凝固在黑暗里

街道从身后奔来
把月亮劈去大半
把他劈开

十五

哦月亮，这瓶美丽的生理盐水
缓慢地
给建筑物打着点滴

月光把街道涂上一层厚厚的止痛膏
奔跑的花朵变为黑色
露出有毒的牙齿

十六

月亮开始疯了，像乳房盛开的女人
在云端牵着整座城市裸奔
背影挂满芒刺
脚印满是灰烬

烟灰从天而降
把白发人染成黑发

十七

到处都是针筒、塑料套

卫生纸

到处都是他们

解决病毒和欲望的

遗物

那月亮终于毁了

像一只有毒的蜘蛛

抹满嘴口红

十八

旷野并不是真的空

很多人埋在里面

有人醒来

挣脱永恒的磁力

烟花都散了

那哭泣者

像在练习假声

他们披着棉花，吃清明的雨水

心里养一只多汁的蟾蜍

十九

月亮是世界的另一个洞口
也许是我们唯一的出路

月光是人类的防腐剂
照得见每个人身体的缝隙

二十

你抽出一匹肋骨朝梦里刺去
梦是一口溃散的井

你要对抗时代
应当抓挠时代的羞处

天空挂满锋利的生铁

那鸟

把我抛弃在地面

二十一

不要只赞美光明

最神圣的宫殿——子宫

也是黑的

话无需多说

一开口，词语已经腐烂

二十二

你对照身体缝补自己的影子
不知道缝隙在哪里
你走出来
背后的影子，像一副错乱的鱼网

从一条鱼身上
滚落的
有你的泪水……

二十三

我不是我自己
我是另一个看不见的我

我写诗，在自由的空气上面
雕刻不可修饰的闪电

在词语的蜂房里
诗歌的翅膀最明亮
尾刺最锋利

二十四

大师总是在人们面前开辟一条道路
我要做的
是将它抚平

假如没有遇上你
许多病可以简单治疗

只有一个小店可以停靠
为了一次短暂的抵达
我绕行地球一周

二十五

我终于同意了你的看法
抓住黑夜的鬃毛，奔跑
没有声音
不经意就离开了人间……
到处都是闪电的蹄印
那死去的人
一定会找到回来的口子

二十六

抓住一匹逃逸的闪电
把它挂在脖子上
你想把这个世界
吊死在自己的脖子上

二十七

什么游戏，如此短暂
又如此漫长
盛开虚假的欢乐

死是一场宗教
手持婚礼的彩绸
把你引出家门

二十八

世上只有两座庙宇
一是我们的身体
二是低矮的坟墓

我们住在身体的洞穴中
死是一根垂落的绳子
它来营救我们

当骨肉褪尽
我们所剩无几……

二十九

我们在低处飞着

越来越低

忽然被一大滴夜色呛住了

我几乎看见

一只蚊子的眉毛、眼睛

它的牙齿洁白

我知道有毒

但还是忍不住问

一个人的身体要失去到什么程度

还能继续活下去

三十

我想呼救。有人坐在墙根
吃爆米花
那是我的儿子，或者就是我的童年
一点不明白三十年后
面临的危险

透过寂静，一代人的呼救
被另一代人听到
一代精英穿上病号服
晾晒在暴雨里

三十一

悲伤无限小于肉体
把它点燃
在体内引发一场大火
分不清是疼痛还是快感
我们常常犯错

没有一种痛让我痛到底
没有一块石头完全麻木
青草在微凉中
举起一代人消逝的魂魄

三十二

不过是一阵风
溃乱的风
把人们的头
彼此交换了
我终于撕下一条河流的肮脏
把它贴到脸上

我能走了吗，穿过自己的阴影
让它碎裂一个口子
至少几秒钟
才缓慢缝合

三十二

道路穿透房间
在睡梦者身旁
磨亮了自己

夜色是一条干净的绷带
把做梦的人
紧紧包扎着

做梦的人
淹没在一滴泪水里

三十四

是的，人类尚存
我们还在
还剩一颗磨损的牙齿
我要留着，做一粒子弹
用它射穿时间的兽皮

你无法看见，只能用伤口照耀
当一片物质破碎
灵魂才打开门

大风手记

那走在阴影里的人

是一片更薄的阴影在漂移

大风绑住北山的阴影

记忆被钉在一场大风中，我穿过风

风穿过我身体的裂缝

突然就找不见了自己

就像一个破旧的灯笼愈飘愈远

惟北山安静

在银河的星辉里

包裹着一层细细的盐

油漆从天空倒下来

空气里有玻璃丝，是锋利的
把皮肤割开细细的口子
傍晚的黑暗像手指甲
那么小，一点一点掉落
肉体需要光，心灵
需要一面黑色镜子
我一无所有，一个人坐在黑暗中
黑暗是我的药

光线在漩涡里坍塌

肉体也在坍塌

每时每刻

天空是黑暗的矿石

光线穿过，打磨得纤细锋利

有时候肉体

比灵魂重，巨大的压力让灵魂

变了形。肉体是一件

需要用一生来脱掉的衣服

街道加速起飞

只是嘘的一声，像散学的口哨
街道加速起飞

纸多么薄
交叉路口的人群
表情多锋利

孩子用力把手摊开
想握住一条蚯蚓的疼痛

竟然是春天
花开的声音
弄伤了亡灵的耳朵

比回忆薄一些

你在我的回忆里行走

两旁的树飘起来。一棵树有几千张脸

把你的脸摘下

让它们重合在一起

树凋尽了叶子

你的脸成了最后一片

露出洁白的牙齿

一直往前走，你停不下来

快要把我的回忆走穿……

一个拒绝孤独的人

还能看见一点烟火

把夜

灼了个小孔

那个人，隔了几米的距离

八米，或者九米

或者更远

我看不清

但知道，每当这时

那个人就会来阳台

坐坐

抽根烟

呼吸一小会儿

有时有点月光

像头皮屑，落在脸上

肩头

有时什么也没有，像今夜

夜色淹没一切

只有红着的烟头

提醒我

那个人还在

我们都是来自深海的鱼

如何成为一个怪物

嗯，这是一个重要的问题

我愿意是一条长着头发的鱼

把整个大海穿在身上

愿意用透明的身体

在一片岩石下面睡觉

在月光下

沿着海浪的白色梯子

一步步攀爬到天堂

最终有一天

我在海岸回望城市灯火

突然想起自己竟属于人类

一个期待的身影就在面前

拍着我的脑袋

多么熟悉温热的声音

你是一只多么可爱的怪物

那么多雨水如棉花

被月光照亮的雨水，被雨水点亮的身体
被身体摇晃的水洼……
电影放到一半，突然断片
回到黑暗中的人，仍然停留在
一场雨中
仿佛已经被雨水穿透
当电影继续，他们身上
留下了灼烫的伤疤

你像一只有裂纹的杯子

孤独是一座水城，每个人
只能靠自己游过去
你挣扎在中途，很想把头顶
那轮月亮
熄灭。有时候活着
并没有死去的人快乐
时光每天倒流一分钟，我愿意
缓慢等待
等你重新长大……

她的泪是锋利的

泪水里面有阴影，破碎之后

并没有被放出来

它变成了一根刺

爱与被爱

都是一条锋利的影子

他们走过拱桥

面对古代的月亮发誓，月光把他们

像婴儿一样包裹起来

透过月光的脚印，他们交换着

眼眶里的泪水

这时候天空略微有些倾斜

......

一片被敲打的铁皮

疼痛是多余的，光线有纤细的脚印

在屋子里

缓慢踱步。失眠者

身体向周围延伸

和空气、土地、黑暗中的光线

紧紧连在一起

道路被风吹乱

大雪纷飞，披头散发

深夜返乡

路过一片坟地

周围是淤积的黑暗

天空种植的花朵

悬挂到人间

道路，很多条

被风吹乱

发出微弱的光线

一个个土冢

像列队的飞碟

被亡灵驾驶

从另一个世界

回来

一座城市溃散的速度

从娱乐场所出来

走在一个黑暗的气泡里

两旁的建筑物

穿着巨大的阴影

黑暗让他想起上涨的河水

周围铺满细细的裂缝

那破碎

也许不是嘭的一响

而是嘘的一声

烟灰从天而降

烟灰从天而降
把白发人染成黑发

眼眶里转动着雪沙
发出低沉的摩擦声

如果江水从面前裂开
一代人的魂魄就会显露

时间被记忆照亮，一代人的呼救
被另一代人听到

但声音远没有到达
子弹在空气里瞪着眼睛飞着

月光是人类的防腐剂

照得见每个人身体的缝隙

九百六十万平方公里，小学生在齐声诵读
同一本修订的历史

老师已老，怀中掏出明月
染了半世疮疾

旷野并不是真的空

2005 年 9 月 10 日，下午 5 点 30 分

在武胜县西关汉初村，空旷的嘉陵江边

看见一群蚂蚁整队出发

它们的脸上表情模糊

不知道是喜悦，还是悲伤

前面两只在探寻道路，后面一只

个头瘦小，急着追赶队伍

我猜测这是一场盛大的婚礼

哦，蚂蚁，要将美丽的姐姐

嫁到哪里去

翻遍口袋，搜出一粒米花

作为贺礼，我成为送亲队伍中的一员

月亮是世界的另一个洞口

江湖已经沉沦，月光分崩离析

要混世

就到睡眠中去混

劈柴，喂马

抱一箱旧物走天涯

只有一个亲戚住在山上

种去年的土豆，收今年的花束

月光已经多了

山河陈旧得很

我不是我自己

我不是我自己
我是另一个看不见的我

常常，打开身体，这只空虚的酒杯
我不停地寻找自己，追赶自己，拯救自己
不过是想打捞一点属于自己的痛觉……

抵达

开着一列古旧的火车

去河南

我满载一场春天的雨水

在秋日的旷野奔驰

浑身披挂灼热的尘灰

只有一个小店可以停靠

为了一次短暂的抵达

我绕行地球一周

我终于同意了你的看法

有没有觉得

活在电影中，无法说出

湿透了的孤独

人世的雨水

下个不停，活着的人

鬼话连篇……

多么奇怪的一天

这样的一天

是哪一天？一滴雨水

咬住另一滴雨水

那些边缘模糊的人，不小心

弄脏了尾巴

死是一场宗教

我经历了五个亲人的死

第一个是我的祖父

八十二岁患上牙疼，右脸浮肿

医生不愿手术

忍无可忍

自己用钳子，把仅有的一粒牙拔掉了

通宵都在呻吟

天亮时

死在水缸边

手里还攥着瓢

第二个离开的

是我的祖母

到河边拣柴

不小心摔折了手臂

身板渐渐消瘦，终至卧床不起

那天半夜，竟然独自起来

走到田埂上

掉进了水田里

第三个死去的

是我的二叔

家中的主要劳力，突然就患了白血病

无法承担巨额费用

一边继续干活，一边等死

直到最后一口气

还躺在床头

剥花生种子

第四个死去的

是我的大伯

做村长二十年，打了口好棺木

不听劝阻

请来小木匠

把棺木改成小舢板

下河捕鱼

恰逢电站放水

船翻人亡

哀痛中，我们只好

把小舢板改成薄棺材

将他掩埋

第五个死去的

是我的堂弟

川藏线上

当兵十七年

三十五岁，半月前
光荣退伍
为换地方驾照，和两个战友
请交警吃酒
酒后不胜，死在回家的车中

墓志铭

这块石头，是她伸向人世的

一只手

向每位路人，打着招呼

告诉你

她在微笑，她很健康

在泥土下面

睁着灼热的眼睛

悲伤无限小于肉体

某一天烂醉如泥，一个人
隐藏在流动的
街区里。这身体动荡
一点一点丢失
听见自己的影子
用假声说话，瞧
你有一具多么妩媚的骨头

青草在微凉中

我睡下了
一群青草在上面奔跑
因为黑
我听得细

穿小裙子
好看的腰身被风搂着
一群青草啊，扔下的腰带
被一个睡在地里的人
收藏

道路穿透房间

道路在身后，是一把刀

用自己

为它磨亮

你睡眠，刀等着你

你倒下了

刀没有放过你

在刀上行走

把命带上

用伤口照耀

灵魂需要喂养

有时是石块，有时是青草

有时是流水

它居住在颜色之外

黑暗中长满细细的裂纹

你无法看见，只能用伤口照耀

当一片物质破碎

灵魂才打开门

送葬

一群人抬着一个人的尸体

走在离开的路上

也可以说，一个人的尸体带领一群人

走在回去的路上

他居住在颜色之外

黑暗中长满细细的裂纹

如是愿

选择一个小国

选择一座小山

选择一间小庙

庙里一个人

人身上养一粒虱子

虱子立在头顶

被满世界的月色照得

透亮

附录

一次精神世界的奔跑

对话：黯黯－曹东

时间：2016 年 2 月 3 － 7 日

黯黯：曹东你好！非常高兴在第一时间读到你的长诗《大风》。你的诗精短，一直在短诗方面锐意进取，突然读到你的这部长诗，既诧异又高兴。很想和你一起探讨几个问题，有关《大风》，有关长诗创作。

曹东：黯黯你好！是的，短诗创作是我的方向，倾注了较多心力。《大风》是最近的一首长诗，创作于 2015 年 12 月，今年 1 月进行了几次修订。

黯黯：大风是《大风》的核心意象吗？

曹东：长诗是否应当具有核心意象，这是一个尚待厘清的问题。《大风》从一场自然的大风启笔，时在傍晚，大风来袭，刮进黑夜，搅乱了天地的安宁；风雨电之后，月色乍现，万物归心，恍然如梦。但《大风》并没有停留在对这场自然大风的铺排绘写上，而是把更多笔墨交给了人物、思想与情感，它也是一场心灵的风暴，从记忆的痛点漫延，震荡身心而又往返时空。《大风》还有时代的背影，对特定的时代有所隐喻，它是另一场笼罩在每个人头顶的大风，无一幸免。我们在大风中活着，大风往复，人事变迁，亦梦亦醒，亦生亦死。

因此，大风既是《大风》的主要意象，又是《大风》的心灵元素，还是《大风》的复杂背景。

黯黯：《大风》有明确的指向吗？在技术上如何实现这个主旨到表达的转化？

曹东：《大风》有情感和思想的双重指向，事涉生死大梦。技术是重要的，又不是最重要的，语言的运用只是手段，不是目的。当驾驭语言的能力足够强大，你要做的就是遵循自己的内心让它们自然地倾泻。我是一个对短诗有着执念偏爱的人，节制、精准，情感不高出一线，语言不多出一字。《大风》虽是长诗，但亦有短制的特质。具体分析技术上实现主旨到表达的转化，这是学者的研究，我要做的就是遵从思想的烛照和生命的体验，节制、精省地自然表达。

黯黯：你为何创作长诗？为什么创作《大风》这首长诗？

曹东：在创作《大风》之前，我没有预谋自己要去尝试长诗的创作，我一直在短诗的园子里当一个耕夫。我的法则就是遵从内心，从不计划写什么、怎么写，我的短诗都是由内往外的乍现。但我是一个生活的体察者、生存的体验者、生命的体悟者，长久的沉淀让力量抑制在内心深处，当某一天突然打开了缺口，必然会涌流如注。

《大风》中的人物、情感、事件、思想，是一个复合的整体，既有现实的基因，又有心灵的过滤、发酵、酿造。现在它呈现在读者面前，就让他们根据自己的人生历练去解读吧。我写出了它，我只能诚实地说它是从自己灵魂里孕育出的生命，现在它出生了，我好像没那么痛了。《大风》之后的《大风手记》，是《大风》的补充，衍生，有更多现实的线索。

　　黯黯：中国并没有长诗传统，近年来很多诗人创作了长诗，乃至有极个别诗人的创作以长诗为主。你如何看待这个现象？

　　曹东：中国并没有长诗传统，这句话不是十分准确，相对于律诗、绝句，《木兰辞》《琵琶行》《长恨歌》等已经算是长诗了。当前长诗创作无论是从数量还是整体质量上，都远不及短诗。更多的诗人投入长诗创作，是一件可欣慰的事。但是，长诗的创作也有颇多可疑的地方。诗是心灵之物，一些长诗只具有诗的形骸，不过是运用了诗的形式表达小说、散文的内容而已，是伪诗。

黯黯：你是如何处理"长诗的结构"这个长诗创作中的核心问题的？

曹东：诗歌是最具创新品质的文体，一首诗在结构方面也当力求有突破，有新意，而不可完全拘泥于陈法。具体到《大风》来说，它遵循了心灵的逻辑和情感流向，人、事、物、景，现实之状、记忆之影、命运之思、唯我之悟，经纬交错，成为一个整体。它也遵循了自然的时序，从黄昏到入夜，到深夜，到通宵达旦，从风袭到雨起，到电闪，到云收月开。它摒弃了一般叙事诗的完整叙述、前后推演，也摒弃了一般抒情诗的情感铺陈而推向爆发，更多发挥了短诗的优势，一小节既可独立发光，又有隐藏的电流互通互联。

黯黯：你如何评价并在创作中处理"长诗中的抒情"？

曹东：情感是诗歌的血液，需要温度，需要流淌，不可缺失。要警惕一个误区，温度不是愈高愈好，它需要节制，否则会发烧沸腾，烧掉一首诗。长诗中的抒情，是重要的，又不是最重要的，一首诗最重要的部分是你的个我之悟、独我之体、惟我之思，因此我强调情感不应高出一线，以不淹没潜思。长诗中的抒情除了要控制好适宜的温度外，还要让它流淌而不停滞，随着它的自然流动而愈深愈远。

黯黯：如何认识中国古典长诗、西方长诗和中国当代长诗的异同？

曹东：中国古典长诗多为叙事抒情，两相交糅。西方古典长诗多为叙事史诗，是用韵诗记叙事件，随着时间慢慢向前推进，后来才出现了抒情诗。中国古典诗形制短小，用语凝炼，即使是长诗也是相对的，与西方长诗的大容量大跌宕起伏是无法相比的。中国诗歌在语言上追求旨趣、意味，有回旋的空间，富于暗示性、抒情性，笔力轻淡从容；西方长诗语言直接，抒情坦露，厚重大气。中国当代长诗站在中国古典诗的传统基石上，吸收了西方诗歌的特质。不过，一首足够优秀的当代长诗既不应该是简单叙事，也不应该是泛滥抒情，还不应该是叙事抒情的糅合，而一定是要有生命的独特体验、生活的独立发现、生存的独自感悟。中国当代诗歌正走在这条路上，短诗走得远些，脚步坚定些，长诗的创作，在不同诗人身上表现出步子往复、犹疑不定。

黯黯：你最喜欢的中国当代长诗是哪一首？为什么？

曹东：欧阳江河的《玻璃工厂》，回顾二十年的诗歌阅读，它给我留下了很深的印象。这是一次人文精神的行走，悲悯、苍茫、辽阔，通篇跳动着独立自由的生命意识，是现实矛盾与理想希冀的隐晦交合。

曹东创作年表

1971 年　1 月 23 日午夜生于四川省武胜县西关乡汉初村；父亲是县氮肥厂工人，母亲是生产队会计；家有草房一间半。

1978 年　学会游泳，首次横渡嘉陵江。

1979 年　入邻村江陵寺读小学，每日攀爬于危崖绝壁；散学后喜追逐公社电影放映队看露天电影。

1984 年　在江陵寺读初中，数学老师杜海燕童年孤单无依、结草绳绑扎全身御寒的故事深触心灵。

1985 年　在烈面镇供销社购得小说两卷、报告文学一册，爱上文学。

1987 年　考入武胜烈面中学读高中，

练习散文、诗歌写作，喜独坐嘉陵江边，捧读各类书籍。

1989年　在人民文学出版社《文学故事报》发表处女作《小村心事》，与该社现代编辑室关克伦先生通信10余封，受到教益。

1991年　考入四川省档案学校学习，在《散文诗世界》《四川档案》等刊发表散文诗、散文；骑行川藏公路。

1993年　毕业分配至武胜县万善镇工作，遇本地诗人周苍林，常互换作品交流。

1994至2001年　以散文创作为主，偶尔写作散文诗、儿童诗和小说，在《儿童文学》《中华散文》《四川文学》《散文》

（海外版）等报刊发表数十篇散文和少量散文诗、诗歌。

2002年　散文《不要惊醒路边小睡的劳动者》获四川日报文学奖，散文集《送你一轮明月》由中国三峡出版社出版。

2003年　认识诗人李元胜，注册重庆界限诗歌网站，任论坛版主，开始专注于诗歌创作。去大连，飞机遇风暴，午夜迫降天津。

2004年　在《诗刊》发表诗歌《雨》；登泰山顶。

2005年　在《星星》《诗选刊》发表诗歌；组诗《城里的月光》获冰心儿童文学新作奖，应邀赴北京中国现代文学馆参加冰心奖颁奖仪式；独步长城。

2006年　与李元胜共同牵头主办四川重庆两省市华蓥山诗会；应邀参加重庆直辖十年诗歌研讨会；在《星星》《四川文学》《绿风》发表《再次低语》等组诗。

2007年　在《人民文学》第3期发表《许多灯》（组诗6首）；诗作入选《2007中国年度诗歌》（诗刊社选编，漓江出版社），《2007中国最佳诗歌》（作家杂志社编，沈阳人民出版社）；环行海南岛。

2008年　美国《诗天空》头条推荐《曹东诗歌》（中英文4首　Edgar Dive译）；《诗选刊》第5期、6期、8期、12期及《诗选刊》下半月刊第8期、12期共6次刊发组诗，其中《诗选刊》11、12 期合刊"中国诗歌年代大展特别专号"集中刊发10首；入选《中国当代汉诗年鉴》（贵州省文联编，大众文艺出版社）等 6 部选集；登黄山峰顶。

2009 年　再次入选《诗选刊》11、12 合期"中国诗歌年代大展特别专号"；出版诗集《许多灯》（重庆大学出版社）；入选《21 世纪中国文学大系：2009 诗歌》（春风文艺出版社）、《改革开放三十年四川文学作品选》（四川省作协编，作家出版社）等 6 部选集。

2010 年至 2012 年　在《星星》"文本内外""实力诗人"等重要栏目及《绿风》《中国诗歌》《四川文学》《青年作家》

和美国《常青藤》发表诗歌；入选当代大学生人文素质课教材《新诗200首导读》（东南大学出版社）及《2010中国年度诗歌》（漓江出版社）、《2011中国最佳诗歌》（辽宁人民出版社）、《四川新世纪诗选》（四川文艺出版社）等24部选集；深入甘、阿、凉少数民族地区游历考察。

2013年　评选为四川省十大青年诗人；在《诗刊》11期、《星星》第5期和8期、《青年作家》第7期发表诗作；入选《中国2013年度诗歌精选》（四川文艺出版社）等选集3部；体验深圳渔村海上渔家生活。

2014至2015年　在《青春》《诗歌月刊》《中国诗歌》《诗潮》《中国诗人》发表诗作；

入选《中国现代诗歌精选》（四川文艺出版社）、《2013—2014中国新诗年鉴》（江苏文艺出版社）等选集4部；负责承办第八届全国星星大学生诗歌夏令营；登华山顶。